CONOCE AL ESPÍRITU SANTO DE DIOS

EL ESPÍRITU DE JEHOVÁ QUIERE SER TU AMIGO

Rodríguez, Marisela
Conoce al Espíritu Santo de Dios: El Espíritu de Jehová quiere ser tu
amigo / Marisela Rodríguez; edición literaria a cargo de Luis Pedro Videla
1ª ed. - Buenos Aires: Deauno.com, 2010.
98 p.; 21x15 cm.

ISBN 978-987-1581-79-5

1. Religión. 2. Cristianismo. I. Videla, Luis Pedro, ed. lit. II. Título
CDD 230

contacto@elaleph.com
http://www.elaleph.com

Para comunicarse con la autora: mm2309@hotmail.com

Primera edición

ISBN 978-987-1581-79-5

Hecho el depósito que marca la Ley 11.723

Marisela Rodríguez

Conoce al
Espíritu Santo de Dios

El espíritu de Jehová quiere ser tu amigo

deauno.com

CONTENIDO

INTRODUCCIÓN 9

Espíritus 11

La Trinidad 19

La Salvación 25

El Espíritu Santo 31

El Espíritu de la Promesa 37

¿Cómo recibir el Espíritu Santo? 45

Ministerio del Espíritu Santo 53

El Fruto del Espíritu 59

Los Dones del Espíritu 69

Una vida en espíritu 81

Conclusión 91

Referencias 95

Introducción

HAY MUCHAS RAZONES por las cuales una persona decide comprar un libro. En algunos casos el motivo es curiosidad, en otros porque le llama la atención el título del libro o sencilla y realmente porque tienen un verdadero interés de adquirir el conocimiento del contenido de dicho libro.

Anhelo con todo mí ser, que tu interés al comprar este libro sea el producto de tu vida en Cristo y el deseo de conocer y reconocer al Espíritu Santo de Dios en tu vida. ¿Quién es? ¿De dónde vino? ¿Quién lo envió? ¿Cuál es su misión? ¿Cómo actúa en el hombre? ¿Cómo actúa a través del hombre? Y mucho más.

Te confieso que de cualquier forma estoy feliz de que este libro esté en tus manos. Con mucho respeto te diré que individualmente del motivo que tu tengas, hay algo de lo cual estoy plenamente segura, Dios lo ha hecho posible porque te ama y quiere transformar tu vida.

Espero que pongas especial deseo en leerlo y entenderlo, ya que está hecho con la intención de que conozcas el Espíritu Santo y que entiendas en su totalidad el propósito de la unidad de Dios Padre, Dios Hijo y Dios Espíritu Santo en tu vida y en tu caminar con Jesús.

ESPÍRITUS

Dios, Dios de los espíritus
(Números 16:22)

Espíritu es todo ser que carece de cuerpo material, en otras palabras, principio inmaterial, sustancia incorpórea. Bíblicamente se mencionan diferentes tipos de espíritus que son: espíritus buenos, espíritus inmundos, espíritu de vida, y Espíritu de Dios.

Aunque específicamente quiero hablarte del Espíritu de Dios, que es El Espíritu Santo, quiero que entiendas algunos conceptos, ya que estos te ayudarán a entender mejor la diferencia entre unos y otros.

Espíritus buenos: Son ángeles mensajeros al servicio de Dios para hacer el bien y para ayudar y proteger a los siervos de Dios. *Pues a sus ángeles mandará acerca de ti, que te guarden en todos tus caminos* (Salmos 91:11).

Espíritus inmundos: A estos también se les llaman espíritus impuros, espíritus malos o demonios. Estos espíritus forman parte de las fuerzas satánicas, y en consecuencia se consideran enemigos de Dios y de los hombres. En otras palabras son poderes comandados por Satanás para hacer el mal y ocasionar daño tanto al hombre como a toda a la creación. (Mateo 12:43-45).

Espíritu de vida: Aliento, Hálito, Soplo. Entonces Jehová Dios formó al hombre del polvo de la tierra, y sopló en su nariz aliento de vida, y fue el hombre un ser viviente (Génesis 2:7). Podríamos decir entonces que este tipo de espíritu es el espíritu que fue implantado en el hombre para darle vida, por lo tanto la **Vida** humana es un regalo de Dios y es la existencia física y corporal de todo ser viviente.

Ahora bien es importante saber que este polvo con el cual fuimos creados es lo que le llamamos la carne o cuerpo, por lo que podemos decir que el ser humano está constituido por cuerpo, alma y espíritu. *Cada uno de estos tiene una función y el objetivo es: que todo nuestro ser, espíritu, alma y cuerpo, sea guardado irreprensible para la venida de nuestro Señor Jesucristo* (1 Tesalonicenses 5:23).

Cuerpo: Es el conjunto de las partes materiales o visibles de un ser vivo, es el aspecto exterior, como se ve por fuera el hombre. Otro nombre para referirse al cuerpo es la carne, y es esta carne que *nos con-*

fronta con el mundo, y nos hace percatarnos de nuestras necesidades físicas. La carne nos hace enfocarnos más en nuestras necesidades que en las cosas de Dios.

Espíritu: Aunque ya sabemos que el espíritu del hombre es una parte invisible que viene de Dios y que nos dota de vida para darle movimiento a nuestro cuerpo, debemos saber también que el espíritu es la parte interna del hombre que *nos confronta con Dios* y nos hace percatarnos de nuestras necesidades espirituales. El espíritu nos hace enfocarnos más en las cosas de Dios que en nosotros mismos. Es en el espíritu donde se encuentran las revelaciones, la intuición, nuestro carácter y la conciencia.

La **Conciencia** es el conocimiento que el ser humano tiene de su propia existencia, de las cosas, de su estado emocional, moral o inmoral, de sus actos sean buenos o malos. Es la conciencia que desde nuestro interior reconoce la condición del alma. Es fácil identificar la condición de nuestra carne a través de los sentidos físicos, pero no es igual con el alma y el espíritu.

Para el hombre es difícil diferenciar entre alma y espíritu. Esta es una de las tantas razones por la que debemos escudriñar la palabra de Dios, ya que esta nos ayuda, pues la palabra divide el alma del espíritu (Hebreos 4:12).

La **Intuición** es el conocimiento inmediato de una cosa, idea o verdad, sin la intervención de la razón. Mientras que la **Razón** es la facultad que tiene el hombre de pensar y ordenar las cosas, las ideas, los pensamientos, las experiencias o la verdad, por lo que la razón es parte del alma.

La **Revelación** es la manifestación de forma inesperada o repentina que da a conocer o que descubre algo que se desconocía, es la manifestación que da a conocer un misterio o una verdad por Dios, a los seres humanos.

El **Carácter** o personalidad es el conjunto de cualidades psíquicas y afectivas que condicionan la conducta de cada ser humano, y que lo distingue de los demás. Las **Cualidades** pueden ser buenas o malas, a las malas cualidades se les llaman **Defectos**, y las buenas cualidades se les llaman **Virtudes**. Tanto los defectos como las virtudes pueden ser de nacimiento o adquiridas en nuestro caminar por la vida.

Bíblicamente el carácter o la personalidad de alguien se describe como: Espíritu de sabiduría, espíritu de poder, espíritu de conocimiento, de temor a Jehová, de oración, espíritu noble, recto, fiel y similares a estos son ejemplos de virtudes. Espíritu de rebeldía, de envidia, de celos y similares a estos son ejemplos de defectos. Aunque las cualidades sean tan diversas el espíritu del hombre es el mismo.

Tu carácter irá formando patrones de conducta en tu vida a los cuales se les llaman **Hábitos**. Mientras más repites estos actos o este estilo de conducta más se fortalecen los hábitos. Estos pueden ser malos o buenos y lo reconocerás al ser enfrentado por el Espíritu Santo a través de tu conciencia o de otra persona. Ejemplos de buenos hábitos: no tocar las cosas ajenas, no mentir, tener buena higiene, comer moderadamente, respetar a los demás y cosas similares a estas. Hacer lo contrario de esto sería malos hábitos.

Alma: Es el aspecto interior de la persona y al igual que el espíritu es una parte invisible que junto con el cuerpo constituyen el ser humano. Pero a diferencia del espíritu, el alma es la parte del ser humano que *nos confronta con nosotros mismos*, y nos hace percatarnos de nuestra mente (lo que pensamos), de nuestros deseos (lo que queremos) y nuestras emociones (lo que sentimos).

Es aquí donde guardamos nuestros deseos internos, nuestros sentimientos y nuestros pensamientos (animo, angustia, dolor, tristeza, humor, alegría, remordimiento, preocupación, melancolía, turbación, temor, soledad, etc.). Aunque en esencia la condición del alma no se puede ver, esta condición puede ser reflejada a través de nuestros cuerpos.

El **Temor** es una sensación de inquietud, de incertidumbre, de miedo. Este temor no tiene ninguna relación con el temor a Dios, este más bien es un sentimiento adquirido debido a una situación traumática vivida o la sensación que nos produce inseguridad para tomar y ejecutar decisiones. Por lo regular los temores nos impiden vivir a plenitud. Tomar decisiones basados en nuestros temores nos hace cometer errores.

El alma está conectada con nuestro corazón y nuestros pensamientos y es por esto que cuando permitimos que los pensamientos y los deseos lleguen a nuestro corazón, el alma queda afectada. Si nuestros pensamientos o nuestros deseos son bueno y lo llevamos a nuestro corazón, el alma quedará afectada de manera positiva, pero si por el contrario nuestros pensamientos y nuestros deseos son malos y lo llevamos a nuestro corazón el alma quedará afectada de manera negativa.

Una vez que los deseos o pensamientos, sean buenos o malos, hayan entrado a nuestro corazón y lo llevemos al hecho, es entonces cuando nuestro espíritu quedará afectado de manera positiva o negativa. Si los deseos o pensamientos llevados al hecho son buenos, esto dará regocijo a nuestro espíritu, pero si los deseos o pensamientos llevados al hecho son malos, nuestro espíritu quedará envenenado y aunque no lo notemos, nuestra vida poco a poco se irá destruyendo.

En otras palabras un mal deseo o pensamiento llega a tu mente, luego de cierto tiempo que lo mantienes en tu mente pasa a tu corazón y luego de cierto tiempo en tu corazón lo llevas al hecho, en otras palabras lo ejecutas, esto producirá lo que llamamos pecado, el pecado afectará nuestro espíritu y por consiguiente afectará nuestra alma y nuestro cuerpo. Si sigues pecando especialmente en secreto, en lo oculto, donde crees que nadie te ve, llegará un momento que tu mente, tu corazón y hasta tu conciencia se corromperá (Tito 1:15).

Tu cuerpo, tu alma y tu espíritu irán registrando cada detalle y cada suceso y esto irá afectando cada día más tu vida sin que te des cuenta. Sólo Dios Padre, Dios Hijo y Dios Espíritu Santo podrán rescatarte, restaurar tu vida y todo tú ser, o podría decir sencillamente: Sólo Dios podrá transformar tu vida y esta oración envolverá un trabajo en tu vida donde los tres (Padre, Hijo y Espíritu) estarán involucrados.

Pero esto sólo será posible si tú lo deseas y lo permites ya que tus decisiones desempeñan un papel muy importante en esta transformación. Tu libre albedrío jamás será traspasado, Dios nunca te obligará a algo que tu no quieras, es por esto la importancia de pedir, cuando pedimos declaramos lo que deseamos. Dios te dirá lo que es mejor para ti y como lograrlo con su ayuda y será tu decisión y determinación con la ayuda del Espíritu Santo, lo que te llevará a la transformación.

En todo lo que hagas, recuerda que la gloria es de Dios y que tu motivación para hacerlo debe ser agradar a Dios y no el ojo del hombre, y que debes hacerlo esperando recompensa de Dios no del hombre. Si esperas la aprobación, el aplauso o el agradecimiento del hombre terminaras triste y decepcionado, si por el contrario todo lo que hagas lo haces para gloria de Dios, procurando agradar a Dios y esperando con paciencia y fe su recompensa, te aseguro que siempre habrá paz y gozo en tu corazón.

LA TRINIDAD

Bautizándolos en el nombre
del Padre, y del Hijo,
y del Espíritu santo.
(Mateo 28:19)

Trinidad en su forma literal significa el conjunto de tres personas o cosas. Es por esto que al no encontrarse bíblicamente un término o una palabra que expresara la unidad de Dios Padre, Dios Hijo y Dios Espíritu Santo, un hombre llamado Tertuliano, a finales del siglo II, usó por primera vez la palabra "trinidad" para referirse a estas tres divinidades.

Por lo que podríamos definir **La Trinidad** como la unión de tres personas distintas que forman un solo Dios. *Porque tres son los que dan testimonio en el cielo: el Padre, el Verbo y el Espíritu Santo; y estos tres son uno* (1 Juan 5:7). La trinidad forma una parte activa y unitaria en el propósito de Dios Padre, en otras palabras ellos tienen la misma mente. Sé que a muchos se les hace difícil establecer este concepto de Dios Padre, Hijo y Espíritu Santo, y puedo entenderlos perfectamente ya que pasé por lo mismo.

Cuando vine a Cristo sentía su señorío en mi vida pero mi amor a Dios Padre y mi deseo de serle fiel, unido a mi falta de conocimiento, me hacían preguntarme ¿Padre te estaré fallando al reconocer a Jesús como mi Señor? de hecho me resultaba más fácil entender la divinidad del Espíritu Santo que la de Jesús, por haber sido Jesús un hombre de carne y hueso.

Pero una vez que el Espíritu Santo de Dios entró a mí ser de manera reveladora, fue este que me ayudó a comprender la unidad del Padre, el Hijo y el Espíritu santo. Pero te confieso que esto no ocurrió de inmediato ya que debido a mi ignorancia no podía reconocer el Espíritu de Dios en mí, pero con amor, tolerancia, y paciencia el Espíritu Santo me fue enseñando.

Hay otro concepto que el Espíritu de Dios me ha hecho entender y es ¿Por qué se les llama las **Tres Divinas Personas** si ellos son espíritu? el Espíritu de Dios me ha revelado que el concepto de persona no se usa en calidad de referirse a Dios como un ser de carne y hueso, sino con el propósito de dar a entender al ser humano como Dios actúa. En otras palabras Dios es espíritu, es un ser invisible pero que actúa como una persona divina, santa y perfecta, la cual materializó en su Hijo Jesús y se dio a conocer a través de Él.

Dios nos creo a su imagen y semejanza y es su voluntad que todo cristiano llegue a ser semejante a su Hijo Jesucristo. Escribe estas palabras en tu mente y en tu corazón: Dios te ha dado salvación con el propósito de que tu vida sea transformada a la imagen de Jesús. Para esto envío a su Hijo hecho carne y una vez que este cumplió el propósito de Dios, regresó al cielo y más tarde envío su Espíritu. Dios sabe que eres imperfecto y que lo necesitas para lograr este propósito de transformación, propósito que se irá cumpliendo poco a poco si tú lo deseas y lo permites.

Aunque bíblicamente se registran dichos, hechos y calificativos que corresponden de igual forma al Padre, al Hijo y al Espíritu Santo, esta sigue siendo para muchos un misterio y sólo Dios tiene el poder de revelar los misterios. Ruego a Dios, para que a través de esta escritura, el misterio de La Trinidad quede ante tus ojos como un libro abierto. Dios Padre, el cual está en los cielos, envío su Hijo y se reveló a través de Él por medio del Espíritu Santo. Jehová es el Padre, Jesús su Hijo es nuestro Señor y el Espíritu santo de Dios es nuestra Guía y compañero de viaje al cielo.

Jesús siendo en forma de Dios, no estimó el ser igual a Dios como cosa a que aferrarse, sino que se despojó a sí mismo, tomando forma de siervo, hecho semejante a los hombres; y estando en condición de hombre, se humilló a sí mismo, haciéndose obediente hasta la muerte, y muerte de cruz. Por lo cual Dios también le exaltó hasta lo sumo, y le dio un nombre que es sobre todo nombre, para que en el nombre de Jesús se doble toda rodilla de los que están en los cielos, y en la tierra, y debajo de la tierra; y toda lengua confiese que Jesús es el Señor, para gloria de Dios Padre (Filipenses 2:5-11) (Romanos 14:11) (Isaías 45:23).

El Padre, El Hijo y El Espíritu Santo tienen una misma naturaleza, Son Santos, Son Divinos y Son Perfectos. El Hijo es engendrado por el Padre, y el Padre le ha dado todo el poder y la alabanza al Hijo, todo lo que el Padre hace también lo hace el Hijo igualmente (Juan 5:19) y todo lo que el Padre hace, lo hace con el poder de su Espíritu. El Espíritu Santo procede del Padre y conoce todo lo del Padre (1 Corintios 2:11).

Pero os ruego, hermanos, por nuestro Señor Jesucristo y por el amor del Espíritu, que me ayudéis orando por mí a Dios (Romanos 15:30). Hay tanto que aprender que nos tomará toda la vida y aun habrán cosas que no sabremos, pero a medida que vamos creciendo en el Señor y escudriñando la palabra de Dios es seguro que la unidad del Padre, del Hijo y del Espíritu Santo, no sólo estará en nosotros, sino que podremos entenderla y abundará en cada uno de los que aman al Señor.

Cada etapa en el Señor es única y hermosa y siempre tendremos sucesos que compartir. En mi comunión con el Espíritu Santo puedo discernir cuando me habla el Padre, el Hijo o el mismo Espíritu, pero en el principio siempre me daba dificulta para comunicarme con ellos y saber a cuál de los tres yo le hablaba. Le pregunté al Espíritu Santo ¿cómo me puedo dirigir a uno a la vez y establecer una diferencia que me dé el conocimiento de a quien me estoy dirigiendo? Su respuesta fue sencilla:

Cuando pidas, le pides a Dios Padre, en el nombre de Jesús y yo lo haré. La verdad esto me ayudó mucho. Recuerdo que solía enviar, con el Espíritu Santo, dos besos uno para el Padre y otro para el Hijo y les decía no se me pongan celosos, ahí les va uno para cada uno. Me rio de mi misma al recordarlo, pues entre ellos no existen celos ni nada que se parezca. Sé que ellos en el cielo también sonreían con ternura al mirar mis torpes pasitos, y se regocijaban porque más que mi ignorancia, Dios miraba mi corazón y mi deseo de no fallarle. Una vez que hice un hábito de hablar con el Espíritu Santo, el establecer diferencia y entender a la vez que ellos son uno, surgió como algo normal y natural.

Lo mejor de todo esto es que el Espíritu de Dios no es sólo para algunos es para todo aquel que ha confesado al Hijo de Dios como su Señor. Jehová es mi Dios y ha escogido un pueblo para su Hijo. He tenido el privilegio de ser llamada, he escuchado y he aceptado el llamado de Dios en mi vida, por lo que ahora Jesús es mi Señor y pertenezco a su reino.

Dios ha puesto su Espíritu Santo en mí y es a través de Él que tengo comunión con el Padre y el Hijo. Es el Mismo Espíritu que me capacita para hacer la voluntad de Dios, y es el mismo Espíritu que me transforma día a día a la imagen de Jesús. De igual manera todo aquel que escuche la voz de Dios a través de sus siervos y abra las puertas de su corazón y deje entrar al Hijo, también tendrá al Padre y al Espíritu Santo en el (Juan 14:23).

La Salvación

Y verá toda carne la salvación de Dios
(Lucas 3:6)

SÉ QUE EXISTEN muchas razones por las cuales una persona viene a Cristo. Muchos vienen con la idea de que ya están listos para vivir una vida religiosa y para cumplir todas las reglas que las diferentes religiones han impuesto. Otros vienen por dolor, han pasado por una situación dolorosa y se refugian en Dios. Otros vienen por necesidad de que Dios les conceda un milagro, o para que la novia que es cristiana le dé el sí, y tantas otras cosas más.

En muchas ocasiones muchos reciben de Dios y permanecen a su lado por agradecimiento, pero viven una vida de esclavitud tratando de servirle al señor en lo que el hombre establezca, sin guía del Espíritu Santo y fuera de la verdadera voluntad o propósito de Dios en sus vidas. Tristemente otros una vez que reciben se apartan de Dios, otros simplemente no quieren esperar el tiempo de Dios y voluntariamente se ponen en manos de Satanás para que les de ayuda inmediata, sin darse cuenta que al solicitar la ayuda del enemigo, le abre las puertas para destruir sus vidas.

Hay otros que aman a Dios y desean de todo corazón servirle y agradarle, pero por el mal testimonio de los que abusan de la fe, unos se apartan y otros que miran de lejos ni siquiera vienen al señor. Los que se quedan porque prefieren estar cerca del Señor cueste lo que cueste, viven un cristianismo triste que los hace estar de mal humor la mayor parte del tiempo o muchos viven un cristianismo simple y vacio.

Mi pueblo fue destruido, porque les faltó conocimiento (Oseas 4:6). Esto es lo que está pasando en el pueblo de Jesucristo, no están buscando el conocimiento de la palabra de Dios y la guía del Espíritu Santo, sino que se conforman con cumplir con sus deberes religiosos impuestos por el hombre. No se dan cuenta que la Muerte de Jesús es mucho más que una religión, no han entendido la salvación de Dios a través de la sangre de Cristo.

Es tiempo ya de que el hombre busque el conocimiento de Dios y que entienda que ser cristiano no es una religión. Ser cristiano es un estilo de vida que va transformando al hombre día a día, es amor, gozo, paz, es poder de Dios y regocijo en el espíritu. Es entrega y servicio voluntario, es organización, respeto, orden y disciplina dirigidos por el Espíritu de Dios.

Cristo no es prohibiciones festivas, ropa, zapatos, maquillaje, prendas, ritualismo, patrones y formalidades exageradas sin intervención del Espíritu Santo, religiosidad, apariencia, legalismo, imposiciones, regulaciones estrictas que en nada edifican al hombre ni glorifican a Dios, ascetismo, penitencias, tratar de dominar la carne sin la ayuda de Dios, ni ninguna cosa establecida por el hombre.

El hombre de pecado el cual se opone y se levanta contra todo lo que se llama Dios o es objeto de culto; tanto que se sienta en el templo de Dios como Dios, haciéndose pasar por Dios (2 Tesalonicenses 2:4). Tengamos cuidado, huyamos de todo lo que no esté dirigido por el Espíritu Santo de Dios. Donde está el Espíritu del Señor, allí hay libertad (2 Corintios 3:17).

La **Salvación**: La salvación comienza con el amor de Dios (Juan 3:16), el propósito eterno de Dios de salvar a los pecadores por medio de la muerte expiatoria de Jesús en la cruz. La promesa de salvación es vida eterna (1 Juan 2:25). La salvación es un regalo de Dios que rescata al creyente del pecado y su consecuencia (Romanos 6:23), lo renueva para una vida santa que restaura su relación con Dios, para toda la eternidad. La salvación es la intervención divina en la historia que nos libera de la ley antigua, de todas limitaciones y maldiciones.

Para que ocurra la salvación es necesario un salvador. La salvación proviene exclusivamente de Dios por medio de Cristo (Juan 4:42). *Si no creéis que yo soy, en vuestros pecados moriréis* (Juan 8:24). El hombre se salva mediante la acción de Dios en la historia, en la persona de Cristo. Somos salvo mediante la sangre de Cristo derramada en la cruz y ofrecida como sacrificio y pacto perpetuo. Somos liberados del pecado, de la conciencia, la culpa y la maldición de la ley, somos libres del temor de la muerte, de juicio y de la esclavitud del mundo.

La salvación divina siempre renueva el espíritu de la persona para que lleve una vida moralmente agradable a Dios. La restauración espiritual es una relación correcta con Dios. Cuando el hombre recibe la salvación ocurre una transformación en su vida llamada conversión.

La **Conversión**: Significa transformación. Es la acción y efecto de convertirse. Es un término que se usa para describir el momento cuando alguien recibe la salvación. Aunque la salvación es otorgada sólo por gracia por medio de la fe en Jesucristo (Romanos 10:9-10), hay condiciones necesarias para la restauración, que son: paciencia, fe en el evangelio, y arrepentimiento de corazón (Marcos 1:15).

El **Arrepentimiento**: consiste en confesar delante de Dios nuestra condición pecadora, reconocer que le hemos fallado y que tenemos un deseo autentico de separarnos del pecado y comenzar a caminar en integridad delante de Él. Es estar dispuestos a despojarnos del yo, apartarse de una vida egoísta, para acercarse a Dios y a la santidad.

La **Paciencia**: es esperar con seguridad y con una buena actitud que las promesas de Dios se cumplan en nuestras vidas.

La **Fe Cristiana**: significa creer los datos históricos acerca de Jesús y confiar únicamente en Él para alcanzar la salvación eterna y el perdón de los pecados. De igual manera creer en el evangelio da como resultado justificación ante Dios.

La **Justificación**: es el acto por el cual Dios hace pasar a un alma del estado de pecado al estado de gracia. Ocurre cuando el pecador se convierte, este es declarado inocente delante de Dios, por medio de la sangre de Cristo (Romanos 3:24). En el momento de la conversión, el pecador tiene un llamado a ser santo (2 Timoteo 1:9). Esto no significa que no estará expuesto al pecado y que no pecará más en esta vida, sino que está libre de la pena de muerte a causa del pecado. El Espíritu Santo habita en el hombre desde el momento de la conversión. Allí se inicia un proceso de crecimiento y transformación a la semejanza de Cristo llamado **Santificación**, el cual dura toda la vida.

La **Santificación**: El proceso de la santificación da como resultado modificación del estilo de vida, cambios en tu forma de pensar, tu forma de ver las cosas, tu forma de interpretar las cosas y tu forma de actuar. Dios te elige, te aparta y te consagra para Él, para dedicarte a Su servicio.

La crucifixión de Cristo y la obra de Espíritu Santo en la conversión hace posible la justificación y la santificación que necesita el creyente para vivir una vida ética en conformidad con La Palabra de Dios. Esta santidad debe ser perfeccionada con disciplina, con amor, temor, temblor y respeto a Dios.

Si crees en Dios y crees en su Hijo y lo has confesado como tu señor y salvador entonces es hora de que recibas por fe al Espíritu Santo en tu Vida. Es el tiempo de darle la bienvenida, de conocerlo, de entenderlo y de saber cómo Él quiere actuar en calidad de persona, de amigo, de guía, de compañero, enseñador, recordador, ayudador, intercesor, dador y más, en tu vida. Él quiere obrar en ti y a través de ti.

EL ESPÍRITU SANTO

El Espíritu de Dios
se movía sobre faz de las aguas.
(Génesis 1:2)

FINALMENTE HEMOS LLEGADO al tema central, pero era necesario tener un conocimiento previo de estas cosas mencionadas anteriormente ya que estos conceptos nos ayudarán a entender mejor el ministerio del Espíritu Santo en el mundo y en nuestras vidas. Si de repente te das cuenta que necesitas refrescar en tu memoria algunos de ellos no dudes en volver a leerlos, es importante que no pierdas ni un detalle.

El **Espíritu Santo** es la tercera persona de la trinidad por medio de la cual Dios actúa, este manifiesta el poder de Dios en el mundo, en las personas y en la creación. Aunque no lo podemos ver, si podemos sentirlo y ver sus efectos. En el principio de la creación, el Espíritu de Dios fue la parte activa durante el proceso que duró seis días. El Espíritu Santo revela la voluntad de Dios, da poder y capacita a las persona para llevar a cabo misiones para la gloria de Dios.

Espíritu Santo, conocido también como:

–Espíritu de Dios
–Espíritu de Jehová
–El Espíritu del Señor
–El Espíritu de verdad
–El Espíritu de la Promesa
–El Espíritu de Gracia
–El Consolador

El Espíritu de Dios está presente en todas partes al mismo tiempo. En la antigüedad el Espíritu del señor iba sobre los individuos y les confería poder para llevar a cabo tareas especificas. Como fue el caso de José el hijo de Jacob, Sansón, Saúl el primer rey de Israel, el rey David, los profetas y muchos más que podrás ir conociendo y disfrutando en cada lectura bíblica.

Su poder no sólo se manifiesta en la creación y en las personas sino que ha sido el autor de todos los milagros, señales y prodigios que han quedado registrados en La Biblia. Podemos recordar la época del éxodo, como Dios usó este poder para dividir el Mar Rojo (Éxodo 14:26). Dios inspiró los profetas para escribir las Sangradas Escrituras (2 Timoteo

3:16), los sueños de José fueron inspirados por Dios (Génesis 41:38), el Rey David proclamó que: el Espíritu de Jehová habla por mi (2 Samuel 23:2), las revelaciones de Daniel fueron dadas por Dios (Daniel 2:28), y muchos hablaron inspirados por el Espíritu Santo (2 Pedro 1:21).

El Espíritu de Dios es como un viento que puede transportar a Dios hasta los confines de la tierra, es un ser misterioso, su poder y misterio describen su naturaleza divina. Se puede expresar como una fuerza sobrenatural que se manifiesta a través de toda la creación y se manifiesta a través de las personas cuando Dios así lo determina, por lo tanto cuando el Espíritu de Dios está obrando a través de la persona, la presencia del Señor esta en ese lugar y podemos percibirla a través de nuestro espíritu y las manifestaciones de sus obras.

El Espíritu Santo fue el agente de la concepción milagrosa de Jesús. También en la hora que Juan el Bautista bautizaba a Jesús, el Espíritu Santo descendió en forma de paloma sobre Jesús, fue este mismo Espíritu que más tarde condujo a Jesús al desierto donde fue tentado por Satanás, y fue quien le permitió a Jesús desempeñar su ministerio ejecutando la voluntad de Dios, para lo cual fue enviado.

Fue el poder que obró en Jesús para curar enfermos, expulsas demonios, resucitar muertos y mucho más. El Espíritu Santo confería poder y guiaba a los seguidores de Jesús en la misión que debían cumplir. Por lo tanto el Espíritu Santo es una presencia personal otorgada por gracia, que vive dentro de la persona que creyó en el Hijo de Dios y lo confesó como el Señor y salvador de su vida.

Es necesario alimentar nuestro espíritu. De la misma forma que alimentamos nuestro cuerpo para sustentarlo. *No sólo de pan vivirá el hombre, sino de toda palabra que sale de la boca de Dios* (Mateo 4:4). Para avanzar en nuestro crecimiento espiritual debemos alimentarlo con la palabra, leyéndola cuidadosamente, ser constante, esforzados, diligentes, meditar en ella, pensar en ella, aprenderla, retenerla en nuestra mente, corazón y obedecer poniéndola en práctica.

Entre otras formas la palabra es una mediante la cual el Espíritu Santo nos habla. Existe otro alimento para el espíritu que es tan importante como la palabra, nuestro espíritu también se alimenta de la oración. La oración es la que nos permite mantenernos en comunión con Dios y esta comunión es a través de su Espíritu Santo.

Cada vez que oras alimentas tu espíritu y esto lo mantiene saludable, de igual forma pasa con el Espíritu Santo cuando tú lo usas para comunicarte con Dios, Él se mantiene despierto. La Palabra es la espada del Espíritu (Efesios 6:17), y mientras más la usamos más alerta está el Espíritu Santo, es por esto la importancia de escudriñar la palabra de Dios. La misma palabra nos exhorta a mantener el Espíritu Santo despierto al escuchar su voz y obedecer, a avivar la llama del Espíritu usando los dones que Él nos ha dado, a no entristecerlo usando nuestra boca de manera incorrecta (1 Tesalonicenses 5:19), ni apagarlo volviendo al pecado.

EL ESPÍRITU DE LA PROMESA

Y después de esto derramaré mi Espíritu
sobre toda carne, y profetizaran
vuestros hijos y vuestras hijas;
vuestros ancianos soñarán sueños,
y vuestros jóvenes verán visiones.
(Joel 2:28)

ALREDEDOR DE OCHOCIENTOS años antes de Cristo un profeta de Dios llamado Joel profetizó acerca de la promesa de Dios, sobre el derramamiento del Espíritu Santo. Promesa que finalmente llegó a su cumplimiento una vez que Jesús ascendió al cielo.

Analicemos las escrituras y *después de esto*: Si leemos las escrituras tratando de saber que acontecía antes de esto, sabremos que la palabra se refería a una serie de tribulaciones por la cual pasaría el pueblo de Dios a causa de la desobediencia, por lo que se le exhorta arrepentimiento y luego se le da promesa de salvación y después de esto un derramamiento del Espíritu sobre toda carne. Por lo tanto debemos entender que debe existir un arrepentimiento y después de esto Dios derramará su Espíritu sobre la persona arrepentida.

Derramaré mi Espíritu sobre toda carne: La palabra derramaré establece abundancia, lo que quiere decir que Dios pondrá su Espíritu Santo de manera abundante y con poder. Entendiendo que esta abundancia se refiere a: sobre muchas personas, no mucho Espíritu ya que Dios no da su Espíritu por medidas (Juan 3:34). De igual forma y si lees el resto del verso te darás cuenta que Dios no se refiere a todo el mundo, sino a su pueblo.

En otras palabras lo que este verso quiere decir es: después que mi pueblo se arrepienta pondré mi Espíritu Santo sobre muchas personas de todas las edades, sexo, posición social y económica, jóvenes, adultos, ricos, pobres, esclavos, mujeres y hombres y mi Espíritu les dará poder. Es importante que recuerdes que todo aquel que se arrepiente y cree en Jesús y lo declara como Señor y Salvador es pueblo de Dios y que en Cristo todos somos iguales (Gálatas 3:28).

Años más tarde Jesús declaró que todo el que creyera en Él recibiría la promesa del Espíritu Santo (Juan 7:39). Exhortó a sus discípulos a amarlo y a guardar sus mandamientos, les aseguró que Él rogaría al Padre para que enviara al Consolador, el cual estaría con ellos para siempre, les especificó que se refería al Espíritu de verdad, al que el mundo no podía recibir, aludiendo de esta forma que sólo el pueblo de Dios lo recibiría (Juan 14:16-17).

Una vez que Jesús cumplió todo lo establecido por el Padre, luego de haber resucitado en un cuerpo de carne y hueso (Lucas 24:39), y haber estado apareciéndole durante cuarenta días a muchos de sus seguidores, les mandó que permanecieran en Jerusalén donde recibirían la promesa del Padre. Y fue finalmente, después de Jesús haber ascendido al cielo, como Él mismo lo prometió (Juan 16:7), que en el día de Pentecostés fue derramado con poder, el Espíritu Santo, el Consolador, sobre los creyentes en Jerusalén.

Pentecostés es una de las tres fiestas judías principales, llamada también fiesta de las semanas. Pentecostés significa cincuenta y tiene lugar en el mes de Siván entre Mayo/Junio, cincuenta días después de la pascua, y celebra el final de la cosecha de granos.

Los seguidores de Jesús se encontraban juntos celebrando Pentecostés cuando, de repente, vino un estruendo del cielo que parecía como un viento recio que soplaba, este viento llenó toda la casa donde ellos se encontraban sentados. Todos fueron llenos del Espíritu Santo y comenzaron a hablar en otras lenguas, según el Espíritu les daba que hablase, y muchos oyeron y vieron estas cosas y unos estaban alarmados, otros perplejos y maravillados.

Y fueron llenos del poder del Espíritu Santo como les había dicho Jesús que sucedería (Hechos 1:8). El discípulo Pedro en este mismo día dio su primer discurso, estableciendo que en este día se cumplía lo dicho por el profeta Joel (Hechos 2:16-21).

Debemos predicar el evangelio, no debemos cerrar las puertas al mundo ya que a esto vino Cristo a salvar el mundo, es menos posible que una persona entregue su vida a Cristo si no le predicamos el evangelio. También debemos ser un buen testimonio de Cristo y aunque muchas personas hacen una confesión de fe por muchos motivos que no son precisamente arrepentimiento hay que aceptarlos y pedirle sabiduría a Dios para obrar de manera correcta ante estas circunstancias.

Lo **Primero** es orar y buscar la guía de Dios y Él lo hará.

Segundo: debemos dejar que el Espíritu nos prepare y nos mande, no debemos enfrentarnos al mundo o a la obra del evangelio, sin la guía del Espíritu porque será un fracaso. Esto no quiere decir de ninguna manera que no debamos contar lo que Jesús está haciendo en nuestras vidas, una cosa es dar el testimonio de lo que Dios está haciendo en tu vida y otra predicar el evangelio. Es importante dar buen testimonio como cristianos, predicar el evangelio, enseñar la palabra, pero con la previa preparación y guiados por el Espíritu de Dios.

Tercero: aunque la persona no tenga un arrepentimiento de corazón, la confesión de fe tiene un poder irrevocable, una vez que una persona toma la decisión de entregar su vida a Cristo y lo confiesa como su salvador, el Señorío de Cristo queda establecido en su vida, y será el Señor quien finalmente tome la decisión sobre esta vida (Mateo 3:7-12).

No somos salvos por obras de justicia (Tito 3:5), la salvación es un regalo de Dios y las posibilidades de adquirir arrepentimiento será mayor si la persona está entre cristianos de buen testimonio que en el mundo. Recuerda que debes aborrecer el pecado pero al pecador debes amarlo.

Y para todo aquel que diga que está arrepentido les exhorto que haga frutos dignos de arrepentimiento y que procure que procedan de arrepentimiento verdadero ya que seremos probados (1 Corintios 3:13-15).

Es importante saber que Dios te ha regalado la salvación, por lo que tu nombre ha sido inscrito en el libro de la vida y sólo Dios tiene el poder de borrarlo. Aquellos que tengan la osadía de quitar de las palabras del libro de las profecías de Dios (La Biblia), Dios quitará su parte del libro de la vida, y de la santa ciudad (La Nueva Jerusalén) y de las cosas que están escritas en La Biblia (Apocalipsis 22:19).

También debes saber que aunque todo pecado y blasfemia será perdonado a los hombre; la blasfemia contra el Espíritu Santo no le será perdonada. El mismo Jesús declaró estas palabras, diciendo que cualquiera que dijere alguna palabra contra el Hijo del Hombre, ósea de Jesús, le será perdonado pero el que hable contra el Espíritu de Dios, no le será perdonado ni en este siglo ni en el venidero (Mateo 12:31-32).

Jesús dijo esto en una ocasión en que sanó a un endemoniado y los fariseos (religiosos judíos de su época) decían que Jesús echaba fuera demonios en nombre del príncipe de los demonios. Queriendo decir de esta forma que el milagro hecho por Jesús, no era con el poder del Espíritu Santo, sino con poderes demoniacos. Esto nos da una idea de lo que Jesús quiso decir con "La Blasfemia contra el Espíritu".

Debemos ser cuidadosos de no juzgar a las personas que manifiestan un poder sobrenatural al hablar en lenguas desconocidas, al hacer milagros y sanidades ya que sin darnos cuenta podríamos estar blasfemando al Espíritu de Dios, es mejor mantener nuestras bocas cerradas y dejar todo juicio a Dios.

También debemos saber que hacer afrenta, o sea dichos o hechos ofensivos al Espíritu de Gracia, o el pecar deliberadamente después de haber recibido el conocimiento de la Verdad de Cristo traerá el juicio del Señor sobre la persona que así haga (Hebreos 10:29). De igual forma debemos tener cuidado de no mentir o tentar al Espíritu Santo ya que esto puede traer muerte al que así hace (Hechos 5:3- 9).

¿Cómo recibir el Espíritu Santo?

Arrepentíos, y bautícese cada uno de
vosotros en el nombre de Jesucristo
para perdón de los pecados;
y recibiréis el don del Espíritu Santo.
(Hechos 2:38)

EL ESPÍRITU SE recibe por fe (Gálatas 3:1-5). Tan pronto haces tú confesión de fe eres sellado con el Espíritu de Dios (Efesios 1:13). Digámoslo de esta forma cuando entregas tu vida a Cristo, el Espíritu de Dios es implantado en tu espíritu. Sabemos que antes de Cristo el Espíritu Santo sólo era otorgado a algunas personas que servían al propósito de Dios en cada tiempo, pero después de la ascensión de Cristo al cielo, el Espíritu está disponible para todo el cristiano.

Este don no se consigue por precio (Hechos 8:20), es sólo un regalo de Dios a los que creen en su Hijo, regalo que es producto de su amor y su misericordia. Dios nos conoce y sabe que sin su ayuda no podremos hacer nada (Juan 15:5), por lo tanto nos ha dado su Espíritu para que nos ayude. Dios finalmente introdujo la salvación para la humanidad y lo único que ha establecido para recibir esta salvación es la fe en Jesús.

Una vez que recibimos la salvación también recibimos el Espíritu Santo, con el propósito de alcanzar la transformación que nos llevará al cielo a morar con Jesús. Cada vez que iniciamos un camino es importante saber cuál es la meta y en este caso todo el cristiano debe saber que la meta de su caminar con Cristo es el Cielo.

También es importante saber que todo Cristiano que aspire una ruptura absoluta con el pasado y entrar a una nueva vida en santidad y obediencia a Dios, debe procurar el bautismo en agua ya que este es el símbolo de dicho paso. De esta forma se establece que el viejo hombre quedó sepultado en la aguas y que un nuevo hombre surge, el cual está decidido y comprometido a caminar integra y honorablemente delate de Dios. Esto no quiere decir de ninguna manera que una persona debe ser bautizado para ser salvo.

En una ocasión que oraba el Espíritu me dijo *"Muchos serán salvos pero no todos serán santos"*, después de un tiempo orando al señor, recibí revelación por la palabra de que ciertamente muchas personas serían salvas y morarían por la eternidad en la tierra

(Apocalipsis 21:24), pero los que santifiquen sus vidas a Jesús morarán en el cielo con Él (Juan 17:24) (1 Tesalonicenses 4:16-17), hay que nacer de agua y de Espíritu (Juan 3:3). Aunque el Espíritu esté en ti, en cada paso que avances deberás estar en plena disposición de hacerlo ya que el Espíritu no te obligará a nada, y es por esto que aunque muchos reciban la salvación, no serán santificados.

Por otro lado hay muchas personas que hacen una confesión de fe y no pueden ver señales del Espíritu Santo en sus vidas y la razón es que realmente no ha habido un arrepentimiento verdadero. El Espíritu de Dios es dado por Dios y Dios conoce los corazones, podemos engañar al mundo, con lágrimas y palabras, pero a Dios no. Sólo un verdadero arrepentimiento y tu deseo de ser transformado harán que el Espíritu se manifieste en ti y que el fruto del Espíritu se desarrolle en ti.

El Espíritu de Dios revela todo lo de Dios y un cristiano lleno del Espíritu sabrá si existe un arrepentimiento verdadero en la persona, pero no actuará ni juzgará por su propia cuenta sino que se dejará guiar por el Espíritu de Dios. Una vez que Jesús sea nuestro Señor, Él sabe por dónde conducir a cada uno de nosotros para llevarnos al arrepentimiento. Cuando le pidas a Dios por alguien confía en los métodos de Dios aunque no los entiendas, Él no se equívoca.

El don del Espíritu Santo marcó el comienzo de la vida cristiana, ya que por medio del Espíritu es que se restaura nuestra relación con Dios y se inicia un proceso de transformación a la imagen de Cristo, que dura toda la vida y que sólo logra su cometido en la resurrección del hombre (2 Corintios 3:18). El ser humano será perfeccionado y glorificado el día de la redención. Pero debemos tener claro que todo comienza en el momento de la conversión y que debe de existir cada día un progreso en nuestras vidas.

Debemos ser valientes y esforzarnos en todo lo que el Espíritu nos enseñe, debemos ser diligentes y obedientes para que el proceso sea de gloria en gloria. La victoria del cristiano no está en adquirir bendiciones materiales, estas son sólo añadiduras, la verdadera victoria está en permanecer firmes cada día, creciendo en el Señor y adquiriendo las bendiciones espirituales que son las que santifican al hombre.

Ahora bien ser sellados con el Espíritu Santo y ser bautizados por el Espíritu Santo son dos acontecimientos diferentes. El sello es en el momento de la conversión y el propósito es que el Espíritu trabaje en ti. El bautizo es en cualquier parte de tu caminar con Cristo, con el propósito de que el Espíritu Santo obre a través de ti. Dios pone su Espíritu en nosotros pero su poder lo va otorgando por medidas, y a medida de que vamos creciendo va concediendo más.

De la misma forma que tú no le otorgarías poder a un niño, a un joven inmaduro o a un hijo desobediente, Dios tampoco. Es necesario que el Espíritu trabaje en ti y luego a través de ti. Esto no quiere decir de ninguna manera que no tengamos que hacer el bien en todo momento, para hacer el bien no se necesita edad sólo el querer y estar dispuestos. Si bien debemos orar para que Dios no bautice con su Espíritu (Lucas 11:13), nuestro primer interés debe ser orar para ser transformados por su Espíritu.

El bautizo ocurrirá en cualquier momento determinado por Dios y dependerá de tu obediencia (Hechos 5:32) y disposición de servirle a Dios en sus propósitos. En algunos casos el bautizo en el Espíritu podría ocurrir antes de ser bautizados en agua (Hechos 10:44-48).

Cuando Jesús resucitó, se le apareció a sus discípulos y habiéndole dicho que de la misma forma que el Padre lo había enviado a Él, Jesús los enviaba a ellos y sopló sobre ellos y les dijo que recibieran el Espíritu Santo (Juan 20:22).

Pero fue después de la ascensión de Jesús que sus seguidores fueron llenos del Espíritu y vino sobre ellos con poder, y les dio una capacidad sobrenatural para llevar a cabo la misión que Cristo les había encomendado. *Id por todo el mundo y predicad el evangelio a toda criatura. El que creyere y fuere bautizado, será salvo; mas el que no creyere, será condenado* (Marcos 16:15-16). Y este fue el poder que les confirió:

Y estas señales seguirán a los que creen: En mi nombre echarán fuera demonios; hablaran nuevas lenguas; tomarán en las manos serpientes, y si bebieren cosa mortífera, no les hará daño; sobre los enfermos pondrán sus manos, y sanarán (Marcos 16:17-18).

Fue el Espíritu Santo que les dio a los discípulos la capacidad de aguantar todo tipo de tribulaciones, hambre, penas, angustias y muerte, a fin de cumplir con el mandamiento de Jesús. Les dio sabiduría y valor, los ungió para que los mismos milagros, señales y prodigios que Jesús hacia ellos también lo hiciesen y aun más, a fin de que el mundo crea en Jesús.

Otra forma de recibir el Espíritu Santo es por imposición de las manos (Hechos 19:6). El mismo Espíritu da poderes súper especiales y sobrenaturales a algunos de sus siervos para que a través del toque de sus manos y declaración de la palabra, surjan dones y otros a su vez queden capacitados para la obra. Esto no quiere decir que el que impone sus manos elije que don quiere dar, realmente impone sus manos y declara la palabra por revelación del Espíritu.

Existe una serie de sucesos que determinan cuando una persona ha sido bautizada y uno de ellos es el hablar en nuevas lenguas. También cuando Dios comienza a usarte con poder, llevando su palabra a los demás. Todo esto es bueno y es parte de tu caminar en el Señor, pero yo diría que más que todo el poder que Dios nos otorgue para obrar a través de nosotros, lo que más importa es la transformación que el Espíritu va desarrollando en nosotros, que aunque sólo se completará el día de la resurrección debemos procurar que cada día Jesús se refleje más en nosotros.

Ministerio del Espíritu Santo

Mas el Consolador, el Espíritu Santo,
a quien el Padre enviará en mi nombre,
él os enseñará todas las cosas,
y os recordará todo lo que yo os he dicho.
(Juan 14:26)

AUNQUE DIOS NOS ha llamado a cada uno con un propósito individual y este llamado requiere una respuesta voluntaria, esto no quiere decir que el hecho de no obrar nos hará perder nuestra salvación para vida eterna ya que la salvación es un regalo de Dios no un premio por nuestras obras.

Pero debes saber algo, los siervos de Jehová tienen privilegios que sólo se les otorga a quienes sirven a Dios y tienen herencia en los cielos que nadie más recibirá, porque Dios dará a cada quien como merece. Todo cristiano está llamado a ser un siervo y deberá asumir con responsabilidad y obediencia a cualquier posición que el Espíritu disponga para él.

Cuando vienes a Cristo no sólo debes venir con el propósito de obtener la salvación, sino que también debes estar dispuesto a servirle, por amor a Dios y por agradecimiento de lo que ya te ha dado. Todos somos útiles para Dios y es Su voluntad que seamos parte de su plan de establecer Su reino, pero Él no obligará a nadie, deberá ser una decisión voluntaria.

Si viniste a Cristo, y ha comenzado una nueva vida para ti, entonces toma también la decisión de participar en la obra de Dios y a medida de que el Espíritu va transformando todo en ti, envuélvete en las cosas de Dios y esto te ayudará no sólo a que la transformación se cumpla en ti, sino también te mantendrá alejado del pecado. Sólo dile al señor que estas dispuesto(a) y Él se encargará de equipararte y dirigirte. Para eso ha puesto su Espíritu en ti.

El Espíritu Santo de Dios ha sido enviado desde el cielo (1 Pedro 1:12), Dios lo ha enviado con el propósito de ayudar y guiar su pueblo, para capacitarte y puedas vivir una vida espiritual, una vida gobernada por el Espíritu de Dios (Romanos 8:1-27), la cual dará como resultado frutos espirituales.

Mientras Dios observa desde el cielo y Jesús está sentado a su derecha intercediendo por su iglesia, el Espíritu Santo está en la tierra cumpliendo su misión, guiándonos a toda verdad (Juan 16:13).

Y cuando Él venga, convencerá al mundo de pecado, de justicia y de juicio. De pecado, por cuanto no creen en mí; de justicia, por cuanto voy al Padre, y no me veréis más; y de juicio, por cuanto el príncipe de este mundo ha sido ya juzgado (Juan 16:8-11). El Espíritu santo llega a tu vida produciendo un nuevo nacimiento, revolucionando y transformando todo tu ser, alma, cuerpo y espíritu. Todo lo que haga en ti lo hará con tu aprobación porque el Espíritu Santo convence no obliga ni condena.

El Espíritu Santo dará testimonio de Jesús (Juan 15:26), sin lugar a dudas el Espíritu de Dios nos hará consientes de que Jesús no sólo es real, sino que sus palabras son fiel y verdaderas. Dios ungió a su Hijo con el Espíritu Santo y poder (Hechos 10:38) para que cumpliera sus propósitos y de la misma forma nos unge a nosotros con su Espíritu, para que tengamos confianza en su Hijo y cumplamos sus propósitos.

El Espíritu Santos nos edificará para que podamos ser morada de Dios (Efesios 2:22), de manera que nuestra carne se santifique y Dios pueda morar en nosotros y pueda tener una relación intima y personal con nosotros. Su Espíritu nos fortalecerá cada vez que sea necesario, por lo que es importante mantenernos en comunión con Dios a través de su Espíritu, de la oración y de la palabra.

Es importante que vivamos una vida en armonía, paz y unidad (Efesios 4:30-32). Es difícil en estos tiempos mantener estas cosas pero si nos dejamos guiar por el Espíritu Santo el nos ayudará y podremos mantenernos unidos como es la voluntad de Dios. Es importante mantener el Espíritu Santo despierto en nosotros y no provocar que se entristezca. La amargura, el enojo, la ira, la gritería, las malas palabras y cualquier tipo de malicia, serian causa suficiente para entristecerlo, por lo tanto desechemos todo esto, poniendo en práctica el dominio propio.

El Espíritu Santo habla a nuestro espíritu, es la forma como se comunica con nosotros. Es una voz interior que sale como de tu estomago y que puedes escuchar perfectamente si le pones atención. El ignorar cuando Él nos habla provocaría un enfriamiento en su comunicación con nosotros. Cuando el nos advierte de que algo hemos hecho mal, como gritarle a alguien, y que debemos pedir disculpas y no lo hacemos, es como ignorarlo y a medida de que lo ignoramos Él se enfría, se apaga.

Cuando alguien te llama la atención, por tu bien, porque quiere lo mejor para ti y tu lo ignoras, pero esta persona que te quiere lo hace repetidas veces pero tú sigues ignorándolo, pues aunque te ame, esta persona te dejará tranquilo y sólo si tu lo buscas nuevamente te ayudará. Es lo mismo que hace el Espíritu Santo, te corrige, te redarguye, te exhorta, repetidas veces y te dice lo que debes hacer pero si tú lo ignoras, se quedará en silencio y te dejará.

Para muchos es difícil entender que el Espíritu nos habla, pero te garantizo que es así. El Espíritu Santo convence, redime, restablece, renueva, restaura, transforma, ayuda, arrebata, unge, permite, prohíbe, da testimonio, informa, inspira, corrige, nos hace recordar, escudriña, exhorta, guía, enseña, instruye, equipa, consuela, revela, edifica, fortalece, da poder, mora y reposa sobre nosotros.

(Lucas 12:12) (Hechos 8:29, 39; 10:19; 16:6,7; 20:23,28) (Romanos 8:14,26) (1 Timoteo 4:1) (Tito 3:5) (Santiago 4:5), si lees estas citas bíblicas te darás cuenta de que los apóstoles se referían al Espíritu como si fuera una persona que caminaba a su lado diciéndole todo lo que debían hacer para cumplir el mandato de Jesús, y esto era exactamente así, y no es diferente en estos tiempo.

El Espíritu Santo de Dios todavía está aquí, todavía mora en el cristiano, es el mismo y su propósito no ha cambiado, por lo tanto de la misma forma que actuó y guió a los apóstoles del primer siglo, de la misma forma lo está haciendo ahora. El Espíritu es como una persona invisible que camina a tu lado informándote todo lo necesario para que el propósito de Dios se cumpla en tu vida.

Debemos procurar ser llenos del Espíritu Santo (Efesios 5:18), pero para esto tenemos que dejar de vivir una vida egoísta, pensando sólo en nosotros mismo, nuestras necesidades, nuestros deseos, nuestros sentimientos. No es que tenga nada de malo que te cuides y te quieras, el problema es que nos olvidamos de que los demás también tienen necesidades, deseos y sentimientos. Debemos de poner en práctica cada día "Amar el prójimo como a nosotros mismo" y mantener un balance entre nuestro bienestar y el bienestar de los demás. Procuremos la felicidad del prójimo con la misma intensidad que la nuestra.

Pero más que todo esto procuremos amar a Dios porque; Antes bien, como está escrito: Cosas que ojo no vio, ni oído oyó, Ni han subido en el corazón de hombre, Son las que Dios ha preparado para los que le aman (1 Corintios 2:9).

EL FRUTO DEL ESPÍRITU

Mas el fruto del Espíritu es amor,
Gozo, paz, paciencia, benignidad,
bondad, fe, mansedumbre, templanza;
contra tales cosas no hay ley.
(Gálatas 5:22-23)

EL FRUTO DEL Espíritu es el resultado de la obra del mismo Espíritu Santo en la vida del creyente. La evidencia de que el Espíritu de Dios está obrando en una persona o un grupo de personas es el amor, el gozo, la paz, la paciencia, la benignidad, la bondad, la fe, la mansedumbre y la templanza que esta persona muestre en su vida. A medida que todo esto va creciendo en ti deberás andar en integridad, siendo una persona honesta, sincera, que todas las obras de tus manos sean con los motivos correctos.

(*Porque el fruto del Espíritu es en toda bondad, justicia y verdad*) (Efesios 5:9). Si queremos que estos se desarrollen y abunden en nosotros, debemos recordar que debemos andar como es propio de un hijo del Dios vivo, Jehová de los ejércitos. ¿Cómo crees tú que debería comportarse el hijo de un rey? Si piensas como Jesús, habrás contestado correctamente, limpio, correcto en sus modales, buen comportamiento moral, social, buenas actitudes, buenos tratos a los demás, sin engaño, mentiras o palabras feas en su boca y haciendo el bien ayudando a los más necesitados sin esperar nada a cambio.

La **Templanza** o dominio propio es el carácter de una persona sobria, moderada, calma y ecuánime ante la vida. Es una actitud donde los deseos y las pasiones se hallan bajo control. El que seamos libres en Cristo no quiere decir que podamos abandonar toda restricción moral. En una ocasión escuche decir a un hermano que no tenía nada de malo contraer matrimonio con un familiar ya que no vivíamos bajo ley, lo cual es una gran mentira. El que estemos libres de leyes antiguas no quiere decir que los patrones de conducta moral deban cambiar, lo que quiere decir es que eres libre de escoger hacer lo correcto. Debemos mantenernos viviendo una vida de autodisciplina conforme al ejemplo que Cristo nos dejó.

La **Mansedumbre** es una cualidad en el hombre que posee humildad. Este carácter le permite al hombre mantenerse tranquilo en momentos de sufrimiento y dificultades. En tiempos de prueba la persona mantiene su confianza en Dios, por lo que su paz interior reflejará un absoluto dominio propio ante cualquier circunstancia. Una persona mansa siempre tendrá una buena actitud y un buen trato para los demás, siempre tratará bien a sus semejantes, lo que lo hará mostrar de igual manera su carácter benigno.

La **Benignidad** es una cualidad de benigno, es una persona que actúa con buena voluntad, que trata a los demás con amabilidad, cordialmente, es afable, agradable y de esta manera se muestra al hablar, es afectuosa y tolerante, es por esto que esta cualidad se combina con la mansedumbre y el dominio propio ya que esta persona difícilmente se enoja con los demás y evita a toda costa ofender o maltratar a sus semejantes.

La **Bondad** es la cualidad de una persona buena, que le gusta hacer el bien, sus actos son conducido por motivos correctos y sinceros. Esta persona siente regocijo al ayudar, no ayuda esperando beneficios, ni ser alabado. La persona que posee esta cualidad no elije a quien ayudar o a quien dar sino que su instinto de ayudar lo conduce ante cualquier persona que necesite ayuda. Es importante que esta persona busque dirección del Espíritu Santo, ya que su instinto bondadoso la podría llevar a la imprudencia. Aunque es una cualidad hermosa y los motivos sean correctos debemos ser cuidadosos, existen todo tipo de personas inescrupulosas que podrían aprovecharse de la bondad del ser humano.

La **Paciencia** es la cualidad que tiene el ser humano de esperar, manteniendo una actitud calmada y tranquila, es por esto que la paciencia va acompañada de paz, siendo la **Paz** un estado o sensación de armonía y bienestar. La paz puede ser física y espiritual, es una sensación de que todo está bien que no hay nada que temer. Esta sensación va acompañada de fe, siendo la **Fe** una confianza absoluta en Dios. La fe es un don que Dios nos da por medidas y crece a medida que se lo pedimos y que vamos conociendo a Dios a través de su palabra y de su Hijo. Mientras más comunión tenemos con el Espíritu Santo más nos acercamos a Jesús y más conocemos a Dios, por lo tanto más aumenta nuestra fe.

El **Gozo** es un estado de deleite y bienestar que se produce al conocer y servir a Dios. Nos sentimos gozosos al saber que nuestro comportamiento es correcto delante de Dios, aunque pasemos por tiempos angustiosos, el saber que permanecemos firmes nos hace estar alegres. Aunque El **Amor** esté relacionado entre sí con todos los demás frutos del Espíritu, es con el gozo que más unido está. Cuando hablo del amor más que referirme al amor al prójimo, a la familia o a una pareja, me refiero al amor a Dios. Es el sentimiento más inexplicable que un ser humano pueda sentir. Cuando amas a Dios, tu entero ser siente un regocijo que eres incapaz de explicar.

Amar a Dios sin condición, sin medidas, sin tiempo, es entregar todo a cambio de nada, es entregase por completo y sin reservas. Es vivir pendiente de Él, es tenerlo dentro de tu cuerpo, tu alma, tu espíritu, dentro de los tuétanos de tus huesos. Es querer agradarlo en todo momento sin importar si te miran o no, adorarlo sin reservas, darle lo mejor, lo excelente, es obedecerlo en todo y para todo. Es entregar tu carne, es agradecerle aunque no haya salvación, servirle aunque no haya galardón, es temerle aunque no exista el infierno, amarlo aunque no haya vida eterna, es aprovechar cada instante de tu vida para estar con Él, es querer más de Él, es vivir en Él, por Él y para Él.

En esto se encierra la obra que el Espíritu Santo vino a Hacer en el hombre, en llevarte a la santificación desarrollando sus frutos dentro de ti. Si hiciste tu confesión de fe y estas decidido a iniciar la nueva vida que Cristo te ha otorgado, debes creer que el Espíritu de Dios ha sido implantado en tu espíritu para que estas cualidades sean desarrolladas en ti, en todo tu ser, alma, cuerpo y espíritu. El mismo Espíritu te confiere poder para lograrlo.

Cuando llegas a Cristo te conviertes en una nueva criatura delante de Dios, aunque a partir de ese momento aspiras a vivir una vida integra delante del Señor, todavía existe dentro de ti todo lo que aprendiste del mundo, todavía las cualidades del viejo hombre están en ti, y son todas estas cualidades que el Espíritu te ayudará a cambiar. No importa a que grado de corrupción haya llegado tu ser, el Espíritu de Dios tiene el poder de transformarte. Pero no lo hará instantáneamente, sino que lo hará poco a poco, enseñándote a vencer día a día.

De la misma forma que un ser humano nace con defectos y virtudes y toma tiempo en desarrollar estas cualidades en el mundo, así tomará tiempo en Cristo, que sean transformadas. Hay cualidades que son buenas pero que el mundo te ha enseñado a usarlas del modo incorrecto, así que el Espíritu Santo te enseñará cómo usarlas correctamente. A medida que el Espíritu trabaje en ti, se irán desarrollando el fruto del Espíritu los cuales debes conocer y entender para saber qué es lo que el Espíritu está haciendo en tu vida y participar de manera diligente en lo que el Espíritu te guie a hacer.

Aunque el Espíritu es el mismo, los frutos son diferentes pero de cierta forma están entrelazados, por lo que el Espíritu puede estar trabajando en varios frutos al mismo tiempo. Cuando digo trabajando no quiero decir que el Espíritu estará poniendo esto en ti, ya que cuando fuiste sellado todos los frutos fueron puestos en ti, lo que el Espíritu hará es ayudarte a desarrollarlo.

No te sorprendas de nada ya que estarás pasando por una serie de circunstancias que te llevarán a ejercitar o mejor dicho a poner en práctica estos frutos y de esta manera iras desarrollándolos, irán creciendo y perfeccionándose.

El mejor ejemplo que he escuchado de este proceso es el de los músculos. Toda persona tiene músculos dentro de su cuerpo pero para que estos sean visibles deberá desarrollarlos y la única forma de desarrollarlos es ejercitándolos cada día y mientras más los ejercitas más rápido crecen y podrán notarse en tu cuerpo. De esta misma forma tendrás que desarrollar el amor el gozo, la paz, la paciencia, la benignidad, la bondad, la fe, la mansedumbre y la templanza.

Un tiempo de espera te hará poner en práctica tu paciencia y tu fe. Para que la paciencia se desarrolle de manera correcta no sólo debes esperar con tranquilidad y poniendo tu confianza en Dios sino que deberás tener una buena actitud hacia los demás mientras esperas. A medida de que pongas en práctica tu fe, tu paz se irá desarrollando ya que sabes que el que ha prometido es fiel, no miente, y siempre llega a tiempo.

Aunque estés en tiempo de espera irás desarrollando el gozo en ti, ya que estarás dando gracias y celebrando lo que ya Cristo ha hecho por ti. Entre muchas cosas, puedes celebras tu seguridad de salvación, de vida eterna, tu relación restaurada con Dios y tus victorias diarias, cada día que amaneces firme en Cristo es un día para celebrar. Es importante mantenernos pidiendo fortaleza ya que esto nos mantendrá vigilantes, con gran ánimo y deseo de seguir hacia adelante.

Mientras tu templanza o dominio propio se va desarrollando con circunstancia que te permitan ponerlo en práctica como: perdonar cada vez que te critiquen falsa o injustamente, controlar la ira, el enojo, el deseo de venganza, ante insultos, rechazos y menosprecio de la gente que te rodee, también irán creciendo en ti la mansedumbre, la humildad y si a esto le agregas el orar por los que te han hecho daño y devolverle con bien, también se desarrollará la bondad y la benignidad. Cada vez que perdones y olvides con la ayuda de Dios, el fruto de la misericordia crecerá.

Lo más importante de esto es que no tienes que sentirte condenado en ningún momento. Siempre que el Espíritu te hace ser consciente de que algo estuvo mal hecho o dicho será para convencerte de que debes pedir disculpas y continuar hacia adelante. Por ejemplo: si el Espíritu te hace ser consciente de un hábito ya sea bueno o malo, quiere decir que quiere ayudarte a cambiar ese hábito o quiere que crezca en humildad.

Puede ser que si son buenos hábitos deberás agradecer a Dios humildemente, sin permitir que tu Yo crezca o que tu carne se envanezca y si son malos hábitos deberás pedirle y permitirle a Dios que te ayude con esto, reconociendo tu falta humildemente o cualquier otra falta. Si el Espíritu Santo usa una persona para darte a conocer tus defectos, no te enojes con la persona y si te enojas, sólo pídele a Dios que te quite el enojo y te ayude a avanzar.

Recuerda que tienes entrada directa a la presencia de Dios y que Él está disponible veinticuatro horas al día, siete días a la semana. Dios te conoce y sabe cuáles son tus faltas y debilidades, también sabe que tu dependes de Él para vencer cada día, por lo tanto mantente presentándote delante de Dios y pidiendo su ayuda constantemente. De esta forma iras creando dependencia de Dios, buenos hábitos, buena conducta, buen carácter y buenos frutos espirituales. Si a todo esto le añades el amor a Dios más que nada en tu vida, y después el amor a tu prójimo como a ti mismo, de manera balanceada, sólo te queda dar gracias y adorar a Dios por todo y en todo.

Recuerda que todos somos iguales en Cristo y que Dios no hace excepción de persona. Los frutos son puestos de igual manera en todo el cristiano, dependerá de ti el desarrollo de ellos, el espíritu siempre está dispuesto (Marcos 14:38). Ante que todas las cosas, procura tener un corazón recto delante de

Dios, porque Dios mira y escucha nuestros corazones. Caminemos sin desmayar: *Estando persuadido de esto, que el que comenzó en vosotros la buena obra, la perfeccionará hasta el día de Jesucristo* (Filipenses 1:6).

LOS DONES DEL ESPÍRITU

Porque a éste es dada por el Espíritu
palabra de sabiduría; a otro,
palabra de ciencia según el mismo
Espíritu; a otro, fe por el mismo
Espíritu; y a otro, dones de sanidades por
el mismo Espíritu. A otro, el hacer
milagros; a otro, profecía; a otro,
discernimiento de espíritus; y a otro,
diversos géneros de lenguas;
y a otro interpretación de lenguas.
(1 Corintios 12:4)

LOS DONES ESPIRITUALES es la capacidad que Dios le da a la iglesia para el servicio. Estos dones se manifiestan en el creyente para el desenvolvimiento de la obra de la iglesia. En ocasiones se hace referencia a los dones como la gracia de Dios, ya que estos dones son un regalo, no se compran por precio, el único requisito para adquirirlo es que la voluntad de Dios así

lo disponga. Los dones son acontecimientos sobrenaturales que el poder del Espíritu Santo realiza a
través de las personas.

A diferencia de el fruto del espíritu que son otorgados de igual forma en el creyente, lo que quiere
decir que todos tenemos una semilla de amor, paz,
gozo, etc. Y todos tenemos el compromiso de esforzarnos con la ayuda del Espíritu Santo de que estos
crezcan y se conviertan en frutos espirituales y per-
manentes en nuestras vidas. Los dones espirituales
son otorgados de manera diferente, el Espíritu Santo
le da una manifestación especial a cada uno y cada
quien será responsable del uso que le dé al don o a
los dones otorgados.

Los dones provienen del Padre, el Hijo y el Espíritu Santo, por lo que en este caso podemos usar la
palabra trinidad para definir de donde provienen
los dones, "los dones espirituales son otorgados por
la trinidad divina", sería lo mismo que decir "los
dones espirituales son otorgados por Dios", créeme
ninguno de ellos se enojará, porque ellos son uno.
Esta es la misma unidad que Dios quiere que tengan
los esposos con sus esposas, que sean una misma
carne, y es la misma unidad que Dios quiere que
tenga la iglesia, que sea una sola en Cristo.

Aunque hay diferente tipos de dones, el Espíritu
que los da es el mismo, y aunque hay diferentes maneras de servir, al Señor que le servimos es el mis-

mo, de igual forma hay muchas maneras en que Dios actúa, pero Dios es el mismo, por lo tanto todo don que el Espíritu ha dado al hombre es con el propósito de servir en la obra de Jesús, ayudando a los demás.

Existen muchas clases de dones espirituales, hay diferentes ministerios y diferentes formas de servirle a Dios. Dios determinara el servicio, el ministerio y el don o los dones. Aunque algunos ministerios requieran más dones esto no quiere decir que ningún ministerio sea mejor que otro o que la persona sea mejor que la otra, o que unos deban ser tratados mejor que otros. El contexto de "lo mejor" debe ser enfocado en el crecimiento, la exhortación, la consolación y la edificación de la iglesia, con amor y cumpliendo los propósitos de Dios.

Los **servicios** son diversos, están los que sustentan, los que ayudan y los que administran. Entre los **ministerios** están el de los apóstoles, profetas, pastores, maestros, evangelistas, adoradores, misioneros y muchos más. Entre los dones espirituales están:

Palabra de Sabiduría: cuando una persona aplica el conocimiento que tiene en una forma correcta es sabia, pero este don capacita a la persona de manera sobrenatural a dar exhortaciones sabias aunque la persona no tenga el conocimiento.

Palabra de Ciencia: es la revelación sobrenatural de la información sobre la vida de una persona. Debemos entender que cualquier revelación dada por Dios siempre será con un propósito correcto y que debemos ser discretos y mantenernos en oración para que el Espíritu nos guie al respecto.

Don de **Fe** va más allá de una simple creencia, o confianza en Dios ante las necesidades y sus promesas. Esta fe es una certeza sobrenatural que no alberga la más mínima duda en torno a lo que se hace o se declare. Aquellos que poseen este tipo de fe deben tener cuidado en juzgar la fe de los demás ya que esta no es una fe desarrollada, es otorgada por Dios para la obra.

Dones de **Sanidades** físicas (enfermedades del cuerpo) o espirituales (alma y espíritu), en ocasiones posesiones demoniacas, llamado también don de **Liberación**. Estos dones al igual que el don de milagros, van acompañados de el don de fe para ser llevados a cabo.

El don de hacer **Milagros** sobrepasa la acción ordinaria de la ley natural, Dios otorga una capacidad sobrenatural para realizar cosas que naturalmente son imposibles. La **Profecía**: es una revelación divina de parte del Espíritu que consuela, exhorta y edifica la iglesia, por lo regular le informa a la iglesia o a una persona en particular los planes de Dios.

Discernimiento de espíritu: es la habilidad de distinguir los espíritus sean buenos o malos y discierne lo que hay en el espíritu del hombre, descubre las verdaderas razones o intenciones que motivan a las personas.

Diversos géneros de lenguas: es el don de hablar de forma sobrenatural en un idioma desconocido por el individuo y en algunos casos lenguas angelicales. Este don generalmente es para edificación personal, pero en algunos casos Dios capacitará a otra persona con el don de *interpretación de lenguas* al cual permitiría descifrar el significado del mensaje.

Dios ha dado estos dones para que la iglesia esté capacitada y sea eficaz en el ministerio, todo lo que la iglesia necesita para crecer es suplido por Dios. De la misma forma que Dios suple para las necesidades físicas del creyente y del mundo, de igual forma Dios suple para las necesidades espirituales.

Debemos entender que el propósito de Dios es que estemos unidos, ayudándonos y orando los unos por los otros. Dios otorga a algunos, dones especiales, pero no porque esta persona sea especial o más importante para Dios, es porque el servicio que va a desarrollar para Dios así lo requiere. Por ejemplo hay personas que Dios les ha dado una alta medida de fe para misiones que así lo requieren, por lo que estas personas confían en Dios de una forma sobrenatural. A quien más se le dé más se le sacará cuenta.

Cualquier don que esté operando en una persona, esta persona debe tener cuidado de no juzgar a los que no lo posean de igual forma, ya que esta capacidad proviene de manera sobrenatural no por méritos propios. Por otro lado no debemos envidiar ni celar los dones y mucho menos tratar de imitar lo que otros hacen, podría ser peligroso. Agradezcamos cada uno el don que se nos ha otorgado y esforcémonos por serle fiel a Dios en lo que nos ha puesto, si alguno quiere más, pida, pero por los motivos correctos, de otra forma podría caer.

Hay muchos que piensan que algunos dones ya no están disponibles, como el don de milagros y tienen una opinión dudosa cuando ocurren hoy en día, pero yo tendría más cuidado al emitir un juicio en cuanto a eso, no debemos olvidar que la blasfemia contra el Espíritu Santo no será perdonada, por otro lado el que algunas iglesias no les sea otorgado este don o cualquier otro, no quiere decir que ya no estén disponibles. Dios sigue siendo el mismo y aunque las necesidades sean diferentes en cada lugar, creo que el don de hacer milagros sigue operando en todo el mundo. Dios usa a quien Él quiere, cuando Él quiere y para lo que Él quiere.

Todos los cristianos tienen dones, ya que todos son llamados a servir en la obra y a ayudar a los demás, primero a los hermanos y luego al mundo entero. El Espíritu Santo otorga a cada uno como Él crea necesario. Todos los cristianos son ministros de Dios y todos tienen tareas que llevar a cabo en la iglesia o fuera de la iglesia, para servir al señor. Individualmente del don o el ministerio que se te otorgue, recuerda que todos somos iguales en Cristo.

Aunque el cristiano no sirva dentro de la iglesia, esto no quiere decir que Dios no lo haya llamado como siervo, todo cristiano debe ofrecerse voluntariamente para servir a Dios en lo que su corazón o el Espíritu Santo lo dirija a hacer. Si la persona no tiene un llamado para servir dentro de la iglesia, de todos modos debe servir para la iglesia.

Una forma de servir para la iglesia es a través de los diezmos y ofrendas, que por supuesto debe ser de manera voluntaria, ninguna iglesia debe obligar al creyente a diezmar u ofrendar, esta debe ser una decisión de cada persona y debe ser motivada con amor y por amor a Dios, debe de hacerlo sin juzgar como la iglesia administre estas ofrendas ya que de esto se encargará Dios. Recuerda unos tenemos llamados a servir a tiempo completo en la iglesia, como los levitas en el tiempo del pueblo de Israel. Otros estamos llamados a cooperar y a proveer para el sustento de la iglesia, como el resto del pueblo de Israel.

Levi fue uno de los hijos de Jacob y de la doce tribu de Israel Dios seleccionó a los hijos de Levi para servir en el templo, a los cuales se les llamaba levitas. Estos servían en el templo de Jehová y el resto de la tribu de Israel debía sustentarlos trayendo sus ofrendas y el diez por ciento de todo lo que poseían a los levitas y a los necesitados (Deuteronomio 14:27-29).

Aunque en ese tiempo la ley así lo exigía, en este tiempo no es igual ya que no tenemos una ley que lo exija pero si un principio cristiano y el Espíritu Santo que nos dice que debemos sustentar las necesidades físicas de la iglesia y la obra, ya que la iglesia es responsable no sólo de sustentar espiritualmente a los creyentes, también debe llevar la palabra al mundo entero y proveer para cualquier tipo de ayuda a los necesitados.

Los dones no son otorgados al creyente para beneficio propio, sino para el cumplimiento de los propósitos y la misericordia de Dios. Por ejemplo si Dios ha otorgado el don de sanidad a una persona y esta persona se enferma, esto no quiere decir que por tener el don de sanidad pueda sanarse a sí misma. Tampoco son para establecer poder, delante de Dios lo importante no es tu posición es tu obediencia y tu fidelidad.

Hay muchas personas que oran a Dios para obtener los dones que ellos consideran mejores, tristemente su motivo no es servir a Dios sino brillar ante el mundo, cuando hablan de un ministerio lo primero que piensan es en una tarima o en un púlpito donde exhibirse y que lo alaben por la manera como Dios los usa, inclusive muchos quieren servir mucho y adquirir muchos dones y trabajan mucho, para ser vistos por el hombre. Todo esto sigue siendo actitud carnal, no espiritual y aunque muchos no lo admitan de todos modos y finalmente tendrán que rendir cuentas al que todo lo sabe, a Dios.

Te mostrare un mejor camino. Recuerda que Dios te creo y que el mejor que nadie sabe lo que te hará feliz y lo que podrás hacer para Él sin fallarle, por lo tanto ofrécete a Él sin condiciones.

Por ejemplo podrías decirle: Señor vengo delante de ti para ofrecerme a servirte en lo que tu creas que puedo hacer de manera más excelente para ti, porque tu mereces lo mejor, te pido que busques en mi corazón y me coloques, si fuera posible, en un lugar donde yo pueda trabajar con alegría, si no fuera posible, estaré bien donde tu decidas, porque aunque yo no lo entienda yo se que todo lo que tú haces es para mí bien, te lo pido en el nombre de mi Cristo, amén.

Sé que aunque Dios escucha todas las peticiones, no responde a todas como uno quisiera, pero no me cabe la menor duda de que esta no sólo te la responderá sino que aunque no sea de inmediato, te la cumplirá. Tal vez al principio te ponga en una posición que no te agrade mucho, con el propósito de desarrollar algún fruto del espíritu en el cual necesitas ejercitarte, pero una vez que hayas alcanzado el nivel de madurez en este fruto, Dios no sólo te promoverá sino que te colocará justo en el lugar que te gusta, porque Él es un padre bueno y justo. En otras ocasiones descubrirás cosas en ti que no imaginabas te pudieran gustar o disfrutar.

Digamos que no eres una persona muy paciente, y estas orando para que Dios te muestre tu lugar en la iglesia y el Señor te dice: quiero que trabajes en el ministerio de niños, se que lo más normal es que digas "¡Noooo!", pero lo más sabio será decir "si Señor" y esforzarte de manera voluntaria y diligente por desarrollar este fruto que es necesario en cada creyente. Estoy segura que una vez que lo hayas adquirido, Dios te promoverá y de paso llevarás contigo la bendición de haber desarrollado el fruto que necesitabas.

Así acontecerá con cualquier otro fruto que necesites, por lo tanto, si no sabes en que fruto el Señor está trabajando en este momento de tu vida, ora para que te lo haga saber y te será más fácil entender y hacer lo que Dios te pide. Esfuérzate, se valiente, porque si se puede llegar a un nivel perfecto en madurez espiritual en esta vida, lo que la palabra llama: hasta alcanzar la estatura del varón perfecto para la obra (Efesios 4:13) (2 Timoteo 3:17).

De igual forma si no sabes el llamado que Dios tiene para ti pídele que te lo deje saber, mientras tanto sigue creciendo espiritualmente, orando, estudiando la palabra con diligencia y poniendo en práctica toda buena obra que el Señor te guie a hacer. Te aseguro que a su tiempo el Señor te hará conocer su plan en tu vida, sólo sé obediente. Una vez que sepas el don que Dios ha puesto en ti, pídele que te enseñe como usarlo y no lo descuides (1 Timoteo 4:14). Muchos no te entenderán (1 Corintios 2:14), pero tu sigue adelante porque Dios a su tiempo mostrará todas la cosas y no te dejará quedar en vergüenza.

UNA VIDA EN ESPÍRITU

Porque si vivís conforme a la carne,
moriréis; más si por el Espíritu hacéis
morir las obras de la carne, viviréis.
(Romanos 8:13)

EN ESTE DÍA el Señor quiere hacerte un llamado a vivir una vida espiritual. Andar en Espíritu quiere decir no satisfacer los deseos pecaminosos y exagerados de la carne, dejándote guiar por el Espíritu de Dios, en todo tu caminar con Cristo. Viviendo una vida con balance y a medida que tus pasos sean dirigidos por el Espíritu, también se irán formando en ti el fruto del Espíritu.

Cuando comienzas a vivir una vida en espíritu se inicia una batalla entre el Espíritu Santo y tu carne. Por mucho tiempo has vivido una vida complaciendo tu carne, por lo que esta lucha no será fácil, pero si te sometes a la guía y la obediencia del Espíritu

Santo en amor y paciencia y fe, puedes declarar la victoria.

Para entender con lo que luchará el Espíritu, es necesario que conozcas las obras de la carne. Estas obras son el producto de una vida guiada por tu propia mente, tus deseos y tus emociones. Como consecuencia de tu naturaleza pecaminosa, tu vida en el mundo y como enseña el mundo, estas obras se desarrollaron en ti sin que te dieras cuenta.

Estas obras no son más que los malos hábitos, las malas actitudes, malas cualidades y las malas costumbres que adquiriste pensado tal vez que era algo normal. La realidad es que no, en lo absoluto son normales, más bien son la causa de que hasta ahora hayas vivido una vida desordenada y vacía. Ahora el Espíritu Santo esta dentro de ti y quiere ayudarte con todo esto.

Algunas obras podrían ser adquiridas, pero otras podrían haber sido heredadas de tus antepasado. Algunas cualidades que son obras de la carne podrían ser:

Orgullo, temores, ambición desmedida, envidia, prepotencia, celos, mentiras, impaciencia, exageraciones, auto justificación, rebeldía, enemistades, pleitos, iras, contiendas, amargura, glotonería, borracheras, orgias, malas palabras, venganza, pereza, ansiedad, idolatría, adulterio, fornicación, lujuria, lascivia, machismo, feminismo, hipocresía, chismes, murmuraciones, quejas, búsqueda de falta a los demás, favoritismo, bribonería, pregonería, altanería, extravagancias, manipulación, burla, fanfarronería, auto compasión y cosas semejantes a éstas (Gálatas 5:19-21).

Pero no te asustes, cada caso y cada persona es diferente, esto no quiere decir que en ti estén todas estas cosas, de hecho en tu vida también has adquirido cosas buenas, ya que el medio ambiente que te rodea y la crianza que te han dado influyen mucho en cómo se haya desarrollado tu carácter hasta ahora. Pero particularmente como sea tu caso, el Espíritu lo conoce y te ayudará de acuerdo a tus necesidades y te usará de acuerdo a tus habilidades.

A pesar del pecado que hay en el mundo Dios no lo ha desamparado, por lo que también naciste con virtudes, que en muchos casos son mal usadas, pero que a partir de hoy el Espíritu Santo te enseñará a darles un uso correcto. Individual mente de tus deseos, tus pensamientos o sentimientos debes regir tu vida por la palabra de Dios. Recuerda que la meta es que tu alma, tu cuerpo y tu espíritu sean uno en Cristo.

Debe desarrollar la mente de Cristo, esto sólo lo lograras meditando la palabra. Has adquirido un espíritu nuevo, por lo tanto debes renovar tu mente, debes cambiar tu forma de pensar. Escoge pensar positivamente, escoge tener conversaciones positivas, pensamientos positivos y desarrolla una actitud positiva. Desecha los malos pensamientos, cambia las malas actitudes y no te involucres en malas obras. En medio de cualquier circunstancia permanece positivo y confiando en Dios.

Dios ha puesto su Espíritu en cada cristiano y es este que nos hace saber cada vez que actuamos o pensamos mal o incorrectamente. Nuestra parte es, tan pronto el Espíritu nos hace notarlo debemos desecharlo en el nombre de Jesús, y cambiarlos por pensamientos correctos. No es pecado que malos pensamientos lleguen a ti, pero mantenerlos podrían llevarnos a pecar. Tampoco debemos alimentar los malos pensamientos ya que pueden enfermar la mente y aunque no sea pecado pensar, a Dios no le agradan los malos pensamientos. Donde están tus pensamientos va tu cuerpo, en otras palabras lo que tú piensas determina tus acciones.

Adopta un nuevo vocabulario, con comentarios alentadores, palabras que estimulen, conversaciones que edifique, practica el amor al prójimo y la tolerancia. Escoge las acciones correctas, se justo, piensa en los demás, se agradable. Cada vez que te levantes en la mañana preséntate delante de Dios y pídele que ponga en ti todo lo que necesites para ese nuevo día.

Controlar nuestra boca es muy importante, no ofendas, mide tus palabras, se cortes, permanece en silencio a menos que sea necesario hablar, nunca hables cuando estés enojado o alterado de lo contrario podrías decir palabras de las que luego tengas que arrepentirte. Es mejor no decir nada que decir lo que no se debe. Se paciente con los demás y no minimices sus esfuerzos, incentívalos a seguir creciendo y haz lo mismo tu. Siempre habrá algo nuevo que aprender.

Cuando cierto modo de hablar, actuar o pensar te llenen de ira o frustración, debes saber que no son buenos y debes desecharlos, Dios te ha dado el poder de hacerlo por lo tanto usa ese poder cada vez que sea necesario. Habrá cosas difíciles pero tú puedes hacer lo que Dios te ha pedido. Dios ha puesto su Espíritu en ti, para que obre poderosamente y te ayude en todo lo que Él te ha pedido. *Porque no nos ha dado Dios espíritu de cobardía, sino de poder, de amor y de dominio propio* (2 Timoteo 1:7).

No actúes independientemente, confía en Dios, en su gracia, y en su poder. Cuando sientas que las cosas son difíciles sólo pídele a Dios que ponga su gracia sobre ti para lograr lo que necesites en ese momento y Él lo hará. La gracia de Dios es el poder de Dios que viene sobre ti y te capacita para hacer lo que tú por tus propios medios y esfuerzos no puedes.

Cristo ha entrado a tu vida y ha limpiado tu espíritu delante de Dios, ahora con la ayuda del Espíritu Santo tu alma debe ser limpiada. Una vez que tu alma este limpia, se reflejará en tu cuerpo y tus acciones. Para que esto prospere debes creer y confiar en lo que la palabra de Dios te dice. No permitas que los sucesos del pasado controlen tu presente y afecten tu futuro. Puede ser que los maltratos del pasado hayan sido la causa de nuestro mal comportamiento, pero no permitamos que sean una excusa para dejar de crecer en Cristo.

Debes creer que Dios te perdonó, que la sangre de Cristo te ha limpiado, que eres una nueva criatura, que Cristo te ha justificado delante de Dios, que el pasado ya no importa, que Dios ha olvidados tus pecados, que el Espíritu de Dios está en ti, que a través del Espíritu estás en comunión con el Padre y el Hijo, que ellos ahora moran en ti, que eres hijo de Dios, que eres heredero de las promesas de Dios, que el fruto del Espíritu esta en ti y que Dios te ha dado poder, fortaleza, valentía y autoridad.

Para lograr esto es también necesario morir al **Yo**, a tu actitud egoísta de pensar sólo en ti, ser admirado, ser reconocido, ser premiado, ser notorio, ser visto, ser apreciado, ser aceptado, tener posición social o numerosas posesiones. Todas estas cosas debes verlas desde un punto de vista balanceado, de lo contrario te harán mucho daño. Debes ser humilde si posees estas cosas y si no, la falta de estas no debe afectarte.

Debemos enfrentar la verdad de nosotros mismos y nuestra conducta, debemos ser responsables de nuestros hechos, será doloroso, pero la verdad nos hará libres. No debemos excusarnos con que nos enseñaron mal, sólo debemos admitir y renovar nuestra mente, conseguir un nuevo modo de pensar, poniendo nuestra mirada en Cristo, olvidándonos del pasado, caminando en el presente con el Espíritu Santo y confiando nuestro futuro a Dios. Gozándonos ante las pruebas ya que estas nos ayudarán a desarrollar y a alcanzar el nivel de madurez espiritual perfecto.

No debes sentirte mal por ninguna cosa del pasado o por algo de tu persona que no sea muy bueno y el Espíritu te lo revele, Él sólo lo hace con la intención de que reconozca lo que debe ser cambiado en ti. El Espíritu Santo es un caballero y nunca te hablará para ofenderte, su intención es corregirte y transfórmate a la imagen de Cristo, día a día.

Debes tener un balance en tus apreciaciones y depreciaciones personales: soy lo mejor, se más que todos, mi opinión es la más inteligente, importante o justa, lo mío es lo mejor. O totalmente lo opuesto nadie me quiere, nadie me escucha, no valgo nada, etcétera. *No tengamos más alto concepto de nosotros mismos del que debamos tener, pensemos con cordura, conforme a la medida de fe que Dios nos ha dado a cada uno* (Romanos 12:3).

Es importante que entiendas que el Espíritu trabaja individualmente con cada uno de nosotros y que lo que te pida a ti no necesariamente se lo pedirá a otros, su trabajo es personalizado, por lo que no debes compararte con nadie. Tampoco debes dejarte manipular por los demás.

Dios ha capacitado a sus siervos con sabiduría y poder, y los usará para el beneficio de la iglesia, pero ante cualquier situación es a Dios a quien debes recurrir y el Espíritu te guiará a la decisión correcta. No hagas nada de lo cual tengas duda, siempre espera la respuesta del Señor, con seguridad Él buscará la forma de hacértela llegar. Si por alguna razón no sientes paz en tu interior con respecto a algo debes pedirle a Dios que te revele cual es su voluntad, te sorprenderás de ver como todo estará bajo control cuando hagas la voluntad de Dios y confíes en Él.

Dios nos ama y todo lo que creó sobre la tierra lo creó para el disfrute de sus hijos. Es su voluntad que con dominio propio, balance, sobriedad y cordura disfrutemos la vida y lo que Él nos da, pero debemos de tener cuidado de que los disfrutes no nos lleven a perder las bendiciones espirituales de Dios.

Debemos procurarlas con diligencia ya que Satanás anda como león rugiente buscando a quien devorar y sólo obteniendo las bendiciones espirituales de Dios podremos vencerlo (Romanos 8:13-14).

Esfuérzate porque sólo los valientes arrebatan, no permitas que el engañador te robe.

Si deseas aceptar este llamado de Dios de vivir una vida espiritual, sólo declárselo a tu Señor y deja que su Espíritu te guie. El Espíritu Santo te ayudará y te guiará cada día, a morir a la carne. Sé obediente porque el Espíritu santo es dado a los que obedecen a Dios. Recuerda que esto es sólo el principio de una vida llena de paz, una vida plena y abundante. Ante cualquier cosa que Dios te llame a hacer, no mires tus limitaciones ya que Dios no escoge a los capaces, Él capacita a los escogidos.

"Nunca es tarde para empezar"

CONCLUSIÓN

He aquí, yo estoy a la puerta y llamo;
si alguno oye mi voz y abre la puerta,
entraré a él, y cenaré con él, y él conmigo.
(Apocalipsis 3:20)

UN DÍA JEHOVÁ miró hacia la tierra y vio cuan perdido estaba el mundo, y siguió mirando y luego me vio a mí ahogada en el desorden de la tierra y con necesidad de ayuda. Me miró y tuvo misericordia de mi, por lo que envío a su único Hijo, Jesús, a tocar mi puerta. Le pregunté ¿Quién eres tú?

Me respondió: soy Jesús, quiero ayudarte, sólo ábreme tu corazón y convertiré tu tristeza en alegría, tu lamento en baile, tu dolor en felicidad, borraré tus angustias, aunque tu cuerpo sea polvo, yo lo vestiré de gloria, verdad, justicia y amor.

Aunque me parecían hermosas sus palabras, realmente no podía entenderlo muy bien, pero algo sabía, que esto debía ser bueno para mí, por lo que le dije sí. Desde ese día comencé a caminar con Él y aunque fue mucho lo que sufrí, entendí que sólo quería lo mejor para mí. Hoy aun en medio del mismo mundo puedo decir, que tengo motivos para bailar, cantar y sonreír, porque lo que antes no entendí hoy es claro para mí. *"Dios me ama"*.

Jesús me enseñó que debía admitir mis faltas y Él las borraría, que debía perdonar y Él me perdonaría, que debía olvidar y Él olvidaría, que debía de dejar de poner excusas y Él me restauraría. Hoy he comprendido que todo lo que me pidió fue para mí, hoy estoy limpia, justificada y restaurada, hoy "soy libre".

Hoy Jesús toca tu puerta y si lo dejas entrar, sabrás que no sólo a mí, pero también a ti: "Dios te ama"

Si eres uno de los que has leído este libro por curiosidad, pero todavía no le has entregado tu vida a Cristo, entonces el Espíritu Santo te invita en esta hora a tomar una decisión. Busca en tu corazón y si reconoces que tu modo de caminar no ha sido el correcto hasta ahora y deseas todo lo que Dios te ofrece por medio de Jesús entonces repite esta confesión de fe en voz alta:

Señor en este momento me presento ante ti
reconociendo mi condición de pecador,
creo con mi corazón que Jesús es tu hijo,

que Tú lo resucitaste de entre los muertos.
Desde este momento lo declaro como el Señor
de mi vida por lo tanto a través de Él,
recibo la salvación como regalo tuyo.
Enséñame todo lo que necesito aprender,
para que nada me aparte de ti.
En el nombre de Jesús,
Amén

Si has hecho esta confesión de fe entonces te doy la bienvenida al reino de Dios y declaro que has sido sellado con su Espíritu Santo, ahora comienza una nueva vida para ti. Dios ha perdonado y borrado tus pecados, la sangre de Cristo te ha limpiado para que comiences una relación con tu padre Dios. En este momento hay fiesta en el cielo por causa tuya, olvida todo lo que quedó atrás y comienza a caminar con Cristo, estudia la palabra, ora en todo momento, y nunca te apartes de Dios.

REFERENCIAS

Biblia Plenitud (Biblia de estudio). Versión Reina Valera, 1960 © 2007 por Grupo Nelson

Diccionario Bíblico Ilustrado Holman. Edición General: S. Leticia Calcada. ISBN: 978-0-8054-9490-7

Nuevo Diccionario Bíblico Certeza (Segunda edición). Ediciones Certeza Unida.

El Pequeño Larousse Ilustrado. © 2007 Diccionario Enciclopédico Ediciones Larousse, S. A. de C.V. (Decimotercera Edición).

www.ingramcontent.com/pod-product-compliance
Lightning Source LLC
Chambersburg PA
CBHW062013040426

42447CB00010B/2012